# SIMPLISSIME

# LES COCKTAILS LES + FACILES DU MONDE

hachette

**Quel plaisir de siroter un cocktail fait maison entre amis, en tête à tête ou même en solo sans sortir dans un bar !**

**Dans cet ouvrage, on vous propose 140 cocktails simplissimes à réaliser sans matériel de pro, avec 2 à 5 ingrédients maximum et surtout prêts en 5 minutes.**

**Des recettes classiques, mais aussi des cocktails originaux créés tout spécialement pour ce livre qui présentent des associations inédites et qui utilisent des ingrédients du placard, comme des confitures ou des fruits au sirop.**

**Pas besoin d'acheter des dizaines de bouteilles différentes. Avec les 8 alcools de base les plus courants et tous vendus en supermarchés (gin, rhum, vodka...), vous pourrez réaliser la majorité des recettes que l'on vous a concoctées.**

**Pour chaque cocktail, une petite touche déco qui fait toute la différence et aussi des indications de saveurs pour vous aider à faire votre choix. Doux, amer, corsé... il y en a pour tous les goûts, même pour ceux qui ne boivent pas d'alcool. Vous trouverez aussi dans ces pages des cocktails taille XXL à partager et à servir en saladier ou en pichet.**

**À la cuillère ou au shaker, avec ou sans glaçons, laissez-vous guider et trinquez !**

# MODE D'EMPLOI

## Matériel de base

Pour ce livre, nous partons du principe que vous avez chez vous :

- un couteau
- une cuillère à soupe et une cuillère à café
- un presse-agrume

## Quelles mesures ?

Dans les recettes présentées, des équivalences sont utilisées pour mesurer chaque ingrédient :

- **Le verre à liqueur :** équivalent d'un verre shooter, d'un coquetier ou d'une tasse à café, il doit contenir entre 4 et 5 cl.
- **Le mug :** grande tasse avec une anse, sa contenance oscille entre 30 et 35 cl.
- **La cuillère à café :** elle permet de mesurer 0,5 cl et de mélanger les cocktails préparés directement au verre.
- **La cuillère à soupe :** le volume de la majorité des cuillères à soupe est de 1,5 cl.

## Quel verre choisir ?

- **Le verre à whisky :** verre bas et large souvent utilisé pour servir apéritifs, certaines liqueurs ou spiritueux, avec ou sans glace.
- **Le verre haut :** verre plus long et plus étroit que le verre à whisky, souvent réservé aux cocktails allongés ou sans alcool.
- **Le verre à cocktail :** verre à pied en forme de V. On peut le remplacer par une coupe à champagne ou un petit verre à vin.
- **La tasse ou le mug :** elle est utilisée dans ce livre pour servir des cocktails chauds. Sa contenance peut varier selon le modèle.
- **Le verre à vin :** verre ballon, verre à bourgogne, etc., souvent utilisé pour servir les cocktails type Spritz, Gin-tonic...
- **La flûte :** utilisée pour servir des cocktails à base de vins pétillants. Si vous n'en avez pas, optez pour des verres à vin.
- **Les « autres » verres :** pot à confiture, verre à moutarde, verre cantine... Tous les moyens sont bons lorsque vous manquez de verres !

## Quel ustensile choisir ?

- **Le shaker :** le plus simple d'utilisation est le shaker 3 pièces. Il intègre une passoire, ce qui facilite la filtration des boissons et limite l'utilisation d'accessoires.
- **Une cuillère à mélange :** elle est utilisée pour mélanger les ingrédients dans le verre. Si vous n'en avez pas, vous pouvez tout aussi bien vous servir d'une cuillère à café.
- **Un saladier (avec une louche) ou un pichet :** vous les utiliserez pour servir des cocktails en grande quantité. Ces boissons sont plus conviviales et permettent de préparer un grand nombre de cocktails en une seule fois.

• **Un blender :** selon sa contenance, ce type de mixeur électrique permet de préparer entre un et quatre cocktails.

## Quels ingrédients sont indispensables ?

• **Les glaçons :** faites en sorte d'en avoir suffisamment, car la bonne réalisation des cocktails dépend en grande partie de ces derniers. Ils assureront une bonne température et une dilution suffisante dans les cocktails (si vous trouvez un cocktail trop fort, n'hésitez pas à le shaker ou le mélanger à nouveau). Dans les recettes, le nombre de glaçons à utiliser est indiqué.
Si vous avez des petits glaçons, vous choisirez le plus grand nombre de glaçons. Si, au contraire, vous avez des gros glaçons, vous choisirez le plus petit nombre.
• **Les citrons :** jaunes ou verts, choisissez-les frais, bio de préférence, et pressez-les vous-même. Aucun produit ne peut remplacer le goût et l'acidité du jus de citron frais. Vous pouvez évidemment le préparer dans la journée et le garder au frais pour une utilisation le soir même.
• **Le sucre :** préférez le sirop de sucre de canne au sucre en poudre, car il s'intègre mieux dans les boissons. D'autres édulcorants comme le miel, les sirops ou encore les confitures peuvent s'y substituer.
• **Les alcools :** pour vos cocktails, évitez les « entrées de gamme », souvent de moindre qualité. Vous risquez d'avoir beaucoup de mal à obtenir un résultat gustatif satisfaisant. Mis à part cela, faites selon vos envies et goûts personnels !

## Quels gestes adopter ?

• **Rafraîchir :** refroidir un verre à cocktail en le mettant au congélateur 2 min.
• **Shaker :** agiter énergiquement de haut en bas les ingrédients dans un shaker avec des glaçons. Le but est de mélanger, rafraîchir et diluer le cocktail.
• **Mélanger :** la méthode la plus simple pour réaliser un cocktail ! Versez les ingrédients, ajoutez des glaçons (ou pas) et remuer avec une cuillère à mélanger ou une cuillère à café.
• **Servir en punch :** la méthode est quasiment identique à la précédente, sauf que le cocktail est préparé en grande quantité dans un pichet ou un saladier (un temps de repos est parfois nécessaire).
• **Mixer :** verser les ingrédients dans un blender, ajouter des glaçons ou du sorbet (ou les deux), mixez et servez.
• **Presser un zeste :** découper un morceau de zeste d'un agrume en prenant soin de laisser la partie blanche sur le fruit. Pincer-le, écorce face au liquide.
• **Zester un agrume :** à l'aide d'un couteau économe, prélever un zeste en veillant à ôter la partie blanche de l'écorce qui est amère.
• **Mesurer un trait :** vous rencontrerez cette expression dans certaines recettes pour quantifier du Tabasco®, de l'Angostura® Bitters... Ces produits sont vendus dans des bouteilles équipées de bouchons compte-gouttes. Il faut donc agiter la bouteille d'un coup sec, tête vers le bas, ce qui fait sortir un jet de liquide que l'on nomme « trait ».

**C'est tout. Pour le reste, il n'y a qu'à suivre la recette !**

# SPRITZ
## Amer et pétillant

Préparation :

**Direct au verre**

—

Service :

**Verre à vin**

**Prosecco**
2 verres à liqueur (frais)

**Apérol®**
1 verre à liqueur

**Eau pétillante**
½ verre à liqueur (fraîche)

**Orange**
½ tranche

**6 à 8 glaçons**

**Préparation : 2 min**

- Remplissez le verre de **glaçons** puis versez l'**Apérol®**, le **prosecco** et l'**eau pétillante** fraîche.
- Mélangez 10 s et ajoutez la ½ tranche d'**orange**.

# SPRITZ FRANÇAIS
## Amer et élégant

Préparation :

**Direct au verre**

—

Service :

**Verre à vin**

**Prosecco**
2 verres à liqueur

**Liqueur de pamplemousse**
1 cuil. à soupe

**Liqueur de gentiane**
1 verre à liqueur

**Eau pétillante**
1 verre à liqueur

**Orange**
1 tranche

**6 à 8 glaçons**

**Préparation : 3 min**

- Remplissez le verre de **glaçons** et versez-y les **ingrédients**.
- Mélangez 10 s avec une cuillère et décorez avec la tranche d'**orange**.

# SPRITZ PAMPLEMOUSSE
## Amer et fruité

Préparation :

**Direct au verre**

—

Service :

**Verre à vin**

**Prosecco**
2 verres à liqueur

**Pamplemousse**
x ¼ (le jus) + ½ tranche

**Campari®**
1 cuil. à soupe

**Eau pétillante**
1 verre à liqueur

**6 à 8 glaçons**

**Préparation : 4 min**

- Remplissez le verre de **glaçons** et versez-y les **ingrédients**.
- Mélangez 10 s avec une cuillère et décorez avec la ½ tranche de **pamplemousse**.

# MIMOSA ITALIEN
## Amer, fruité et pétillant

Préparation :

**Direct au verre**

—

Service :

**Verre à cocktail**

**Prosecco**
2 verres à liqueur (frais)

**Apérol®**
1 cuil. à soupe

**Orange**
x ½ (le jus)

**Préparation : 2 min**

- Placez le verre au congélateur pour le rafraîchir.
- Versez le jus de l'**orange**, l'**Apérol®** puis le **prosecco**.

# GARIBALDI
## Amer et fruité

Préparation :

**Direct au verre**

—

Service :

**Verre haut**

**Campari®**
1 verre à liqueur

**Orange**
x 1 (le jus) + 1 rondelle

**6 à 8 glaçons**

**Préparation : 3 min**

- Remplissez le verre de **glaçons** et versez le **campari**.
- Shakez le jus d'**orange** frais et versez-le dans le verre.
- Décorez avec la rondelle d'**orange**.

# NORMANDIE CALVA

## Fruité et pétillant

Préparation :

**Direct au verre**

—

Service :

**Verre haut**

**Calvados**
1 verre à liqueur

**Jus de pomme**
1 verre à liqueur

**Miel liquide**
1 cuil. à soupe

**Eau pétillante**
1 verre à liqueur (fraîche)

**Citron**
x ½ (le jus) + 1 tranche

**8 à 10 glaçons**

**Préparation : 5 min**

- Versez le **calvados**, le **jus de pomme**, le jus du **citron** et le **miel** dans le verre et mélangez.
- Remplissez le verre de **glaçons**, complétez avec l'**eau pétillante** fraîche et mélangez de nouveau.
- Décorez avec la tranche de **citron**.

# HOT NORMANDIE-CALVA
## Aromatique et épicé

Préparation :

**Dans une casserole**

—

Service :

**Tasses ou mugs**

**Calvados**
2 verres à liqueur

**Cidre**
1 bouteille

**Miel liquide**
2 cuil. à soupe

**Cannelle**
6 bâtons

**Citron**
6 tranches

**: 6**

**Préparation : 5 min**
**Cuisson : 20 min**

- Versez le **cidre**, le **calvados** et le **miel** dans une casserole, portez à ébullition et mélangez.
- Baissez le feu, laissez frémir à couvert 20 min.
- Servez et ajoutez 1 tranche de **citron** et 1 bâton de **cannelle** dans chaque tasse ou mug.

# JACK ROSE
## Doux et fruité

Préparation :

**Au shaker**

—

Service :

**Verre à cocktail**

**Calvados**
1 verre à liqueur

**Citron**
x ¼ (le jus)

**Sirop de grenadine**
1 cuil. à soupe

**Orange**
1 zeste

**6 à 8 glaçons**

**Préparation : 3 min**

- Placez le verre au congélateur pour le rafraîchir.
- Versez tous les **ingrédients** dans le shaker, ajoutez 6 à 8 **glaçons** et shakez 20 s.
- Filtrez dans le verre préalablement rafraîchi et décorez avec le zeste d'**orange**.

# JACK COLLINS
## Doux et pétillant

Préparation :

**Direct au verre**

—

Service :

**Verre haut**

**Calvados**
1 verre à liqueur

**Citron**
x ¼ (le jus) + 1 rondelle

**Sirop de sucre de canne**
1 cuil. à soupe

**Eau pétillante**
2 verres à liqueur (fraîche)

**6 à 8 glaçons**

**Préparation : 5 min**

- Remplissez le verre de **glaçons** et versez tous les **ingrédients** en terminant par l'**eau pétillante** fraîche.
- Mélangez 10 s avec une cuillère et décorez avec la rondelle de **citron**.

# APPLE JACK RABBIT
## Acidulé et doux

Préparation :

**Au shaker**

—

Service :

**Verre à vin**

**Calvados**
1 verre à liqueur

**Orange**
x ¼ (le jus)

**Citron**
x ¼ (le jus)

**Sirop d'érable**
2 cuil. à café

**6 à 8 glaçons**

**Préparation : 3 min**

- Placez le verre au congélateur pour le rafraîchir.
- Versez tous les **ingrédients** dans le shaker, ajoutez 6 à 8 **glaçons** et shakez 20 s.
- Filtrez dans le verre préalablement rafraîchi.

# NORMANDY HIGHBALL
## Pétillant et aromatique

Préparation :

**Direct au verre**

—

Service :

**Verre haut**

**Calvados**
2 cuil. à soupe

**Liqueur d'orange**
1 cuil. à soupe

**Cidre**
2 verres à liqueur (frais)

**Orange**
1 tranche

**6 à 8 glaçons**

**Préparation : 5 min**

- Remplissez le verre de **glaçons** et versez tous les **ingrédients** en terminant par le **cidre** frais.
- Mélangez 15 s avec une cuillère et décorez avec la tranche d'**orange**.

# KIR NORMAND
## Fruité et pétillant

Préparation :

**Direct au verre**

Service :

**Flûte**

**Calvados**
1 cuil. à café

**Cidre**
3 verres à liqueur (frais)

**Crème de cassis**
2 cuil. à café

**Préparation : 2 min**

- Placez le verre au congélateur pour le rafraîchir.
- Versez la **crème de cassis**, le **calvados** puis le **cidre**.

# MAURESQUE FRAPPÉE

## Doux et anisé

Préparation :

**Au blender**

—

Service :

**Verre haut**

**Pastis**
1 verre à liqueur

**Eau minérale**
3 verres à liqueur

**Sirop d'orgeat**
2 cuil. à café

**Anis étoilé**
x 1

**5 à 7 glaçons**

**Préparation : 5 min**

- Versez le **pastis**, le **sirop d'orgeat** et l'**eau minérale** dans le blender.
- Ajoutez les **glaçons** et mixez 20 s à vitesse maximum.
- Versez dans le verre et décorez avec l'**anis étoilé**.

# MIMOSA À LA CLÉMENTINE
## Fruité et pétillant

Préparation :

**Direct au verre**

—

Service :

**Flûte**

**Champagne**
2 verres à liqueur (frais)

**Clémentine**
x 1 (le jus)

**Préparation : 2 min**

- Placez le verre au congélateur pour le rafraîchir.
- Versez le jus de la **clémentine** dans le verre préalablement rafraîchi et complétez avec le **champagne**.

# MIMOSA AU PAMPLEMOUSSE
## Acidulé et pétillant

Préparation :

**Direct au verre**

—

Service :

**Flûte**

**Champagne**
2 verres à liqueur (frais)

**Liqueur de pamplemousse**
2 cuil. à café

**Pamplemousse**
x ¼ (le jus)

**Préparation : 2 min**

- Placez le verre au congélateur pour le rafraîchir.
- Dans le verre préalablement rafraîchi,

versez le jus du **pamplemousse**, la **liqueur de pamplemousse** et terminez par le **champagne**.

# CHAMPAGNE COCKTAIL
## Corsé et pétillant

Préparation :

**Direct au verre**

—

Service :

**Flûte**

**Champagne**
3 verres à liqueur (frais)

**Cognac**
1 cuil. à soupe

**Angostura® Bitters**
2 traits

**Sucre**
1 morceau

**Orange**
1 zeste

**Préparation : 5 min**

- Déposez le **sucre** au fond de la flûte et ajoutez l'**Angostura® Bitters**.
- Versez le **cognac**, complétez avec le **champagne** et pressez le zeste de l'**orange** à la surface.

# SOUPE CHAMPENOISE

## Pétillant et acidulé

Préparation :

**Dans un saladier**

—

Service :

**Verres à vin**

**Champagne**
1 bouteille (frais)

**Triple sec**
3 cuil. à soupe

**Citron**
x 1

**Sirop de sucre de canne**
2 cuil. à soupe

**Orange**
x 1

**: 6**

**Préparation : 10 min**
**Réfrigération : 30 min**
**Décoration : 6 feuilles de menthe**

- Découpez le **citron** et l'**orange** en demi-tranches, puis mettez-les dans le saladier.
- Ajoutez le **triple sec** et le **sirop de sucre de canne**, mélangez et laissez reposer 30 min au réfrigérateur.
- Complétez avec le **champagne**, décorez de 6 **feuilles de menthe** et servez.

# LE VIEUX CONTINENT
## Corsé et acidulé

Préparation :

**Au shaker**

—

Service :

**Verre à cocktail**

**Pineau des Charentes**
1 verre à liqueur (blanc)

**Cognac**
2 cuil. à soupe

**Citron**
x ¼ (le jus) + ½ tranche

**6 à 8 glaçons**

**Préparation : 2 min**

- Placez le verre au congélateur pour le rafraîchir.
- Versez le **pineau des Charentes**, le **cognac** et le jus du **citron** dans le shaker, ajoutez les **glaçons** et shakez 20 s.
- Filtrez dans le verre préalablement rafraîchi et décorez avec la ½ tranche de **citron**.

# TINTO DE VERANO
## Aromatique et pétillant

Préparation :

**Direct au verre**

—

Service :

**Verre haut**

**Vin rouge**
2 verres à liqueur

**Citron**
½ tranche

**Limonade**
2 verres à liqueur (fraîche)

**6 à 8 glaçons**

**Préparation : 2 min**

- Remplissez le verre de **glaçons**, versez le **vin rouge** puis la **limonade**.
- Mélangez 10 s et décorez avec la ½ tranche de **citron**.

# HOT SANGRIA ANISÉE
## Gourmand et épicé

Préparation :

**Dans une casserole**

—

Service :

**Tasses ou mugs**

**Vin rouge**
1 bouteille

**Miel liquide**
3 cuil. à soupe

**Cannelle**
1 bâton

**Orange**
3 tranches

**Anis étoilés**
x 6

**: 6**

**Préparation : 5 min**
**Cuisson : 20 min**

- Versez le **vin rouge**, le **miel** et la **cannelle** dans une casserole, portez à ébullition et mélangez.
- Baissez le feu, laissez frémir à couvert 20 min.
- Versez et déposez ½ tranche d'**orange** et 1 **anis étoilé** dans chaque tasse ou mug.

# HORSE'S NECK
## Aromatique et pétillant

Préparation :

**Direct au verre**

Service :

**Verre haut**

**Cognac**
1 verre à liqueur

**Citron**
1 long zeste

**Ginger ale**
3 verres à liqueur (frais)

**6 à 8 glaçons**

**Préparation : 2 min**

- Remplissez le verre de **glaçons**, versez le **cognac** puis le **ginger ale**.
- Mélangez 10 s, décorez avec le zeste de **citron**.

# VIEUX CARRÉ

## Corsé et aromatique

Préparation :

**Au shaker**

—

Service :

**Verre à cocktail**

**Cognac**
2 cuil. à soupe

**Bourbon**
2 cuil. à soupe

**Vermouth rouge**
2 cuil. à soupe

**Citron**
1 long zeste

**6 à 8 glaçons**

**Préparation : 4 min**

- Placez le verre au congélateur pour le rafraîchir.
- Versez tous les **ingrédients** dans le shaker, ajoutez 6 à 8 **glaçons** et shakez 20 s.
- Filtrez dans le verre préalablement rafraîchi et décorez avec le zeste de **citron**.

# JAPANESE COCKTAIL
## Frais et aromatique

Préparation :

**Au shaker**

—

Service :

**Verre à cocktail**

**Cognac**
1 verre à liqueur

**Citron vert**
x ½ (le jus) + 1 long zeste

**Sirop d'orgeat**
3 cuil. à café

**Angostura® Bitters**
2 traits

**6 à 8 glaçons**

**Préparation : 4 min**

- Placez le verre au congélateur pour le rafraîchir.
- Versez tous les **ingrédients** dans le shaker, ajoutez 6 à 8 **glaçons** et shakez 20 s.
- Filtrez dans le verre préalablement rafraîchi et décorez avec le zeste de **citron vert**.

# GREEN BEAST
## Végétal et anisé

Préparation :

**Dans un pichet**

—

Service :

**Verres à whisky**

**Absinthe**
1 mug

**Sirop de citron vert**
1 mug

**Concombre**
20 tranches

**Eau minérale**
4 mugs

**: 8**

**20 glaçons**

**Préparation : 10 min**

- Versez l'**absinthe**, le **sirop de citron vert**, les tranches de **concombre** et l'**eau minérale** dans le pichet.
- Ajoutez les **glaçons** et mélangez 20 s avant de servir.

# ABSINTHE FRAPPÉE
## Végétal et anisé

Préparation :

**Au shaker**

—

Service :

**Verre à vin**

**Absinthe**
2 cuil. à soupe

**Sirop de sucre de canne**
3 cuil. à café

**Menthe**
10 feuilles + 1 brin

**Eau minérale**
2 verres à liqueur

**10 à 12 glaçons**

**Préparation : 5 min**

- Versez l'**absinthe**, le **sirop de sucre de canne**, les feuilles de **menthe** et l'**eau minérale** dans le shaker, puis ajoutez 6 à 8 **glaçons**.
- Shakez 15 s, remplissez le verre de 4 **glaçons** et filtrez le cocktail.
- Décorez avec le brin de **menthe**.

# FUMATA BIANCA
## Corsé et pétillant

Préparation :

**Direct au verre**

—

Service :

**Verre haut**

**Vermouth sec**
2 cuil. à soupe

**Liqueur de gentiane**
2 cuil. à soupe

**Sirop de sucre de canne**
1 cuil. à café

**Eau gazeuse**
2 verres à liqueur

**Orange**
1 long zeste

**6 à 8 glaçons**

**Préparation : 2 min**

• Remplissez le verre de **glaçons** et versez tous les **ingrédients** en terminant par l'**eau gazeuse**.

• Mélangez avec une cuillère 10 s et décorez avec le zeste d'**orange**.

# AMERICANO
## Amer et pétillant

Préparation :

**Direct au verre**

—

Service :

**Verre haut**

**Vermouth rouge**
1 verre à liqueur

**Campari®**
1 verre à liqueur

**Eau pétillante**
2 verres à liqueur (fraîche)

**Citron**
½ tranche

**Orange**
½ tranche

**6 à 8 glaçons**

**Préparation : 2 min**

- Remplissez le verre de **glaçons**, versez le **vermouth**, le **Campari®** et terminez par l'**eau pétillante**.
- Mélangez 10 s, ajoutez la ½ tranche d'**orange** et la ½ tranche de **citron**.

# BOULVARDIER
## Amer et aromatique

Préparation :

**Direct au verre**

—

Service :

**Verre à whisky**
**(ou gobelet Bodega)**

**Vermouth rouge**
1 verre à liqueur

**Bourbon**
1 verre à liqueur

**Campari®**
1 verre à liqueur

**Orange**
1 zeste

**5 à 7 glaçons**

**Préparation : 5 min**

- Remplissez le verre de **glaçons** et versez tous les **ingrédients**.
- Mélangez 20 s avec une cuillère et décorez avec le zeste d'**orange**.

# AN AMERICANO IN PARIS
## Amer et pétillant

Préparation :

**Direct au verre**

—

Service :

**Verre haut**

**Vermouth rouge**
1 verre à liqueur

**Apérol**
1 verre à liqueur

**Angostura® Bitters**
2 traits

**Eau pétillante**
2 verres à liqueur (fraîche)

**Orange**
1 quartier

**6 à 8 glaçons**

**Préparation : 2 min**

- Remplissez le verre de **glaçons** et versez tous les **ingrédients** en terminant par l'**eau pétillante** fraîche.
- Mélangez avec une cuillère 10 s et décorez avec le quartier d'**orange**.

# SANGRIA À LA PÊCHE
## Fruité et aromatique

Préparation :

**Dans un pichet**

—

Service :

**Verres à vin**

**Vin blanc sec**
1 bouteille (frais)

**Cognac**
3 cuil. à soupe

**Pêches au sirop**
1 boîte (400 g)

**Basilic**
20 feuilles

**: 6**

**Préparation : 10 min**
**Réfrigération : 30 min**

- Coupez les **pêches** en quartiers puis mettez-les dans le pichet avec leur **sirop**.
- Ajoutez le **vin blanc**, le **cognac** et le **basilic**, puis mélangez.
- Laissez reposer 30 min au réfrigérateur, puis servez.

# SANGRIA PAMPLEMOUSSE ET FRAMBOISE

## Doux et aromatique

Préparation :

**Dans un pichet**

—

Service :

**Verres à vin**

**Vin blanc moelleux**
1 bouteille (frais)

**Jus de pamplemousse**
1 mug

**Thym**
5 brins (frais)

**Framboises**
1 barquette (125 g)

**Citron**
x 1

**: 8**

**Préparation : 10 min**
**Réfrigération : 30 min**

- Découpez le **citron** en tranches, puis recoupez-les en 2 ou en 4 et déposez-les dans le pichet.
- Ajoutez le **vin blanc**, le **jus de pamplemousse**, les **framboises** et le **thym**, puis mélangez.
- Laissez reposer 30 min au réfrigérateur et servez.

# ROSÉ-PAMPLEMOUSSE
## Doux et acidulé

Préparation :

**Au shaker**

—

Service :

**Verre à cocktail**

**Vin rosé**
3 verres à liqueur

**Citron vert**
x ¼ (le jus)

**Sirop de pamplemousse**
1 cuil. à soupe

**6 à 8 glaçons**

**Préparation : 3 min**

- Placez le verre au congélateur pour le rafraîchir.
- Versez le **vin rosé**, le **sirop de pamplemousse** et le jus du **citron vert** dans le shaker, ajoutez 6 à 8 **glaçons** et shakez 15 s.
- Filtrez dans le verre préalablement rafraîchi.

# SANGRIA À LA PASTÈQUE

## Fruité et aromatique

Préparation :

**Dans un saladier**

—

Service :

**Verres à whisky**

**Vin rosé**
1 bouteille (frais)

**Pastèque**
1 tranche (5 cm)

**Basilic thaï**
20 feuilles

**Sirop de sucre de canne**
2 cuil. à soupe

**: 6**

**20 glaçons**

**Préparation : 10 min**

- Découpez la tranche de **pastèque** en morceaux puis déposez-les dans le saladier.
- Ajoutez le **vin rosé**, le **sirop de sucre de canne**, le **basilic thaï** et les **glaçons**.
- Mélangez 10 s avant de servir.

# FIZZ DE GENTIANE
## Fruité, amer et pétillant

Préparation :

**Direct au verre**

—

Service :

**Verre haut**

**Liqueur de gentiane**
1 verre à liqueur

**Tonic**
2 verres à liqueur (frais)

**Jus d'ananas**
1 verre à liqueur

**6 à 8 glaçons**

**Préparation : 4 min**

- Remplissez le verre de **glaçons**, versez la **liqueur de gentiane**, le **jus d'ananas** puis le **tonic**.
- Mélangez 10 s.

# PARISIAN YANKEE
## Amer et frais

Préparation :

**Direct au verre**

—

Service :

**Verre haut**

**Liqueur de gentiane**
1 verre à liqueur

**Vermouth sec**
1 verre à liqueur

**Tonic**
2 verres à liqueur (frais)

**Citron**
1 quartier

**6 à 8 glaçons**

**Préparation : 2 min**

• Remplissez le verre de **glaçons** et versez tous les **ingrédients** en terminant par le **tonic** frais.

• Mélangez avec une cuillère 10 s et décorez avec le quartier de **citron**.

# SUMMER GENTIANE FIZZ
## Végétal et pétillant

Préparation :

**Direct au verre**

—

Service :

**Verre haut**

**Liqueur de gentiane**
2 cuil. à soupe

**Citron vert**
x ½ (le jus)

**Sirop de framboise**
3 cuil. à café

**Eau gazeuse**
2 verres à liqueur

**Framboises**
x 2

**4 à 6 glaçons**

**Préparation : 4 min**

• Remplissez votre verre de **glaçons** et versez-y les **ingrédients** en terminant par l'**eau gazeuse**.

• Mélangez avec une cuillère 10 s et décorez avec les **framboises**.

# BIÈRE D'AGRUMES
## Doux et pétillant

Préparation :

**Direct au verre**

—

Service :

**Verre haut**

**Bière blonde**
2 verres à liqueur (fraîche)

**Sirop de pamplemousse**
1 cuil. à café

**Citron vert**
x ¼ (le jus)

**Ginger ale**
2 verres à liqueur (frais)

**Menthe**
1 brin

**6 à 8 glaçons**

**Préparation : 5 min**

- Remplissez le verre de **glaçons**, versez le **ginger ale**, le jus du **citron vert**, le **sirop de pamplemousse** et terminez par la **bière**.
- Mélangez 10 s et ajoutez le brin de **menthe**.

# DRY MARTINI
## Sec et corsé

Préparation :

**Au shaker**

—

Service :

**Verre à cocktail**

**Gin**
1 verre à liqueur

**Vermouth sec**
1 cuil. à soupe

**Olive verte**
x 1 (dénoyautée)

**6 à 8 glaçons**

**Préparation : 5 min**

- Placez le verre au congélateur pour le rafraîchir puis remplissez le shaker de **glaçons**.
- Versez le **gin** et le **vermouth** dans le shaker, puis mélangez 1 min.
- Filtrez le cocktail dans le verre préalablement rafraîchi et ajoutez l'**olive verte**.

# CLOVER CLUB
## Doux et fruité

Préparation :

**Au shaker**

Service :

**Verre à cocktail**

**Gin**
1 verre à liqueur

**Citron**
x ¼ (le jus)

**Œuf**
1 blanc

**Sirop de framboise**
1 cuil. à soupe

**Framboise**
x 1

**6 à 8 glaçons**

**Préparation : 5 min**

- Placez le verre au congélateur pour le rafraîchir.
- Versez le **gin**, le jus du **citron**, le **sirop de framboise** et le **blanc d'œuf** dans le shaker, ajoutez les **glaçons** et shakez 20 s.
- Filtrez dans le verre préalablement rafraîchi et posez la **framboise**.

# GIN TONIC LIME-CONCOMBRE
## Végétal et pétillant

Préparation :

**Direct au verre**

—

Service :

**Verre à vin**

**Gin**
1 verre à liqueur

**Concombre**
2 tranches

**Citron vert**
1 quartier

**Tonic**
3 verres à liqueur (frais)

**6 à 8 glaçons**

**Préparation : 2 min**

• Remplissez le verre de **glaçons**, puis ajoutez le quartier de **citron vert** et les tranches de **concombre**.

• Versez le **gin**, complétez avec le **tonic** frais et mélangez 10 s.

# GIN TONIC ROMARIN ET ORANGE

## Frais et aromatique

Préparation :

**Direct au verre**

—

Service :

**Verre à vin**

**Gin**
1 verre à liqueur

**Tonic**
3 verres à liqueur (frais)

**Romarin**
1 brin

**Orange**
2 tranches

**6 à 8 glaçons**

**Préparation : 2 min**

- Remplissez le verre de **glaçons** et ajoutez-y le **romarin** et les tranches d'**orange**.
- Versez le **gin** puis complétez avec le **tonic** frais et mélangez 10 s avec une cuillère.

# GIN TONIC THYM ET CLÉMENTINE
## Frais et aromatique

Préparation :

**Direct au verre**

—

Service :

**Verre à vin**

**Gin**
1 verre à liqueur

**Tonic**
3 verres à liqueur

**Thym**
1 brin

**Clémentine**
4 quartiers épluchés

**6 à 8 glaçons**

**Préparation : 2 min**

- Remplissez le verre de **glaçons** et ajoutez-y le **thym** et les quartiers de **clémentine**.
- Versez le **gin** puis complétez avec le **tonic** et mélangez 10 s avec une cuillère.

# NEGRONI

## Amer et corsé

Préparation :

**Direct au verre**

Service :

**Verre à whisky**

**Gin**
1 verre à liqueur

**Vermouth rouge**
1 verre à liqueur

**Campari®**
1 verre à liqueur

**Orange**
½ tranche

**5 à 7 glaçons**

**Préparation : 5 min**

- Remplissez le verre de **glaçons** puis versez le **gin**, le **vermouth** et le **Campari®**.
- Mélangez 20 s et décorez avec la ½ tranche d'**orange**.

# NEGRONI FRANÇAIS
## Amer et acidulé

Préparation :

**Direct au verre**

—

Service :

**Verre à cantine**

**Gin**
1 verre

**Vermouth sec**
1 verre à liqueur

**Liqueur de gentiane**
1 verre à liqueur

**Orange**
1 zeste

**5 à 7 glaçons**

**Préparation : 5 min**

- Remplissez le verre de glaçons et versez tous les **ingrédients**.
- Mélangez 20 s avec une cuillère et décorez avec le zeste d'**orange**.

# SOUTHSIDE
## Corsé et mentholé

Préparation :

**Au shaker**

—

Service :

**Verre à cocktail**

**Gin**
1 verre à liqueur

**Citron vert**
x ½ (le jus)

**Menthe**
6 feuilles + 1 brin

**Sirop de sucre de canne**
1 cuil. à soupe

**6 à 8 glaçons**

**Préparation : 5 min**

- Placez le verre au congélateur pour le rafraîchir.
- Versez le **gin**, le jus du **citron vert**, le **sirop de sucre de canne** et les feuilles de **menthe** dans le shaker, ajoutez les **glaçons** et shakez 20 s.
- Filtrez dans le verre préalablement rafraîchi et ajoutez le brin de **menthe**.

# ENGLISH BREAKFAST
## Gourmand et acidulé

Préparation :

**Au shaker**

—

Service :

**Tasse**
**(ou verre à whisky)**

**Gin**
**1 verre à liqueur**

**Citron**
**x ¼ (le jus)**

**Marmelade d'oranges**
3 cuil. à café

**Orange**
½ tranche

**10 à 12 glaçons**

**Préparation : 2 min**

- Versez le **gin**, le jus du **citron** et la **marmelade** dans le shaker, puis ajoutez 6 à 8 **glaçons**. Shakez 15 s.
- Remplissez la tasse de 4 **glaçons**, filtrez le cocktail et décorez avec la ½ tranche d'**orange**.

# PUNCH ORANGE SANGUINE-CANNELLE

## Acidulé et épicé

Préparation :

**Dans un saladier**

—

Service :

**Verres à whisky**

**Gin**
1 mug

**Oranges sanguines**
x 4 (le jus) + 1

**Citrons verts**
x 2 (le jus) + 1

**Sirop de sucre de canne**
2 cuil. à soupe

**Eau pétillante**
2 mugs (fraîche)

**: 6**

**20 glaçons**

**Préparation : 15 min**
**Décoration : 6 bâtons de cannelle**

- Versez le **gin**, le jus de 4 **oranges** et de 2 **citrons verts**, le **sirop de sucre de canne** dans le saladier et terminez par l'**eau pétillante**.
- Ajoutez les **glaçons** et mélangez 20 s.
- Juste avant de servir, ajoutez 1 **orange sanguine** et 1 **citron vert** découpés en ½ tranches, et en décoration 6 **bâtons de cannelle**.

# GIN & MIEL
## Gourmand et acidulé

Préparation :

**Au shaker**

—

Service :

**Verre cantine**

**Gin**
1 verre à liqueur

**Citron**
x ¼ (le jus) + ½ tranche

**Miel liquide**
3 cuil. à café

**10 à 12 glaçons**

**Préparation : 5 min**

• Versez le **gin**, le jus du **citron** et le **miel** dans le shaker, puis ajoutez 6 à 8 **glaçons**. Shakez 15 s.

• Remplissez le verre de 4 **glaçons**, filtrez le cocktail et décorez avec la ½ tranche de **citron**.

# GIMLET
## Amer et acidulé

Préparation :

**Au shaker**

—

Service :

**Verre à cocktail**

**Gin**
1 verre à liqueur

**Citron vert**
x ½ (le jus) + 1 zeste

**Sirop de sucre de canne**
3 cuil. à café

**6 à 8 glaçons**

**Préparation : 4 min**

- Placez le verre au congélateur pour le rafraîchir.
- Versez tous les **ingrédients** dans le shaker, ajoutez 6 à 8 **glaçons** et shakez pendant 20 s.
- Filtrez dans le verre préalablement rafraîchi et décorez avec le zeste de **citron vert**.

# GIN TONIC PAMPLEMOUSSE-BAIES ROSES

## Amer et pétillant

Préparation :

**Direct au verre**

—

Service :

**Verre à vin**

**Gin**
1 verre à liqueur

**Pamplemousse**
1 tranche

**Tonic**
3 verres à liqueur (frais)

**Baies roses**
x 10

**6 à 8 glaçons**

**Préparation : 2 min**

• Remplissez le verre de **glaçons**, puis ajoutez la tranche de **pamplemousse** coupée en 4 et les **baies roses**.

• Versez le **gin**, complétez avec le **tonic** et mélangez 10 s.

# GIN BASIL SMASH
## Acidulé et aromatique

Préparation :

**Au shaker**

—

Service :

**Verre à whisky**

**Gin**
1 verre à liqueur

**Citron**
x ¼ (le jus)

**Basilic**
11 feuilles

**Sirop de sucre de canne**
3 cuil. à café

**10 à 12 glaçons**

**Préparation : 5 min**

• Versez le **gin**, le jus du **citron**, le **sirop de sucre de canne** et 10 feuilles de **basilic** dans le shaker, puis ajoutez 6 à 8 **glaçons**. Shakez 15 s.

• Remplissez le verre de 4 **glaçons**, filtrez le cocktail et ajoutez la dernière feuille de **basilic**.

# ROUGE CERISE
## Fruité et gourmand

Préparation :

**Au shaker**

—

Service :

**Verre haut**
**(ou pot à confiture)**

**Gin**
1 verre à liqueur

**Jus de grenade**
1 verre à liqueur

**Confiture de cerises**
3 cuil. à café

**Citron**
x ¼ (le jus)

**Cerises à l'eau de vie**
x 2

**10 à 12 glaçons**

**Préparation : 5 min**

• Versez le **gin**, le **jus de grenade**, le jus du **citron** et la **confiture** dans le shaker, puis ajoutez 6 à 8 **glaçons**. Shakez 15 s.

• Remplissez le pot à confiture de 4 **glaçons** et filtrez le cocktail.

• Ajoutez 2 **cerises à l'eau-de-vie**.

# GIN FIZZ AU CONCOMBRE
## Végétal et pétillant

Préparation :

**Direct au verre**

—

Service :

**Verre haut**

**Gin**
1 verre à liqueur

**Citron vert**
x ½ (le jus)

**Sirop de concombre**
1 cuil. à soupe

**Eau pétillante**
2 verres à liqueur (fraîche)

**Concombre**
1 tranche

**6 à 8 glaçons**

**Préparation : 5 min**

- Remplissez le verre de **glaçons**, versez le **gin**, le jus du **citron vert**, le **sirop de concombre** et terminez par l'**eau pétillante**.
- Mélangez 10 s et ajoutez la tranche de **concombre**.

# BRAMBLE CASSIS
## Acidulé et gourmand

Préparation :

**Au shaker**

—

Service :

**Verre à whisky**

**Gin**
1 verre à liqueur

**Citron**
x ½ (le jus) + 1 rondelle

**Sirop de sucre de canne**
1 cuil. à café

**Crème de cassis**
1 cuil. à soupe

**10 à 12 glaçons**

**Préparation : 5 min**

- Versez tous les **ingrédients** sauf la **crème de cassis** dans le shaker et ajoutez 6 à 8 **glaçons**.
- Shakez 15 s, remplissez le verre de **glaçons**, versez la **crème de cassis** puis le contenu du shaker filtré. Décorez avec la rondelle de **citron**.

# BRONX
## Amer et corsé

Préparation :

**Au shaker**

—

Service :

**verre à cocktail**

**Gin**
1 verre à liqueur

**Vermouth rouge**
1 cuil. à soupe

**Vermouth sec**
2 cuil. à café

**Orange**
x ¼ (le jus) + 1 quartier

**6 à 8 glaçons**

**Préparation : 3 min**

- Placez le verre au congélateur pour le rafraîchir .
- Versez tous les **ingrédients** dans le shaker, ajoutez 6 à 8 **glaçons** et shakez 20 s.
- Filtrez dans le verre préalablement rafraîchi, et décorez avec le quartier d'**orange**.

# GINA
## Gourmand et pétillant

Préparation :

**Direct au verre**

—

Service :

**Verre haut**

**Gin**
1 verre à liqueur

**Citron**
x ½ (le jus)

**Crème de cassis**
2 cuil. à soupe

**Eau pétillante**
2 verres à liqueur (fraîche)

**6 à 8 glaçons**

**Préparation : 5 min**

- Remplissez le verre de **glaçons** et versez tous les **ingrédients** en terminant par l'**eau pétillante** fraîche.
- Mélangez 15 s avec une cuillère.

# GINGER & MYRTILLES
## Fruité et épicé

Préparation :

**Direct au verre**

—

Service :

**Verre haut**

**Vodka**
1 verre à liqueur

**Crème de myrtille**
2 cuil. à café

**Citron vert**
x ¼ (le jus)

**Ginger ale**
2 verres à liqueur (frais)

**Myrtilles**
x 2

**6 à 8 glaçons**

**Préparation : 5 min**

- Remplissez le verre de **glaçons**, versez la **vodka**, la **crème de myrtille**, le jus du **citron vert** et terminez par le **ginger ale**.
- Mélangez 15 s, et décorez avec les 2 **myrtilles**.

# CAFÉ VODKA
## Torréfié et onctueux

Préparation :

**Au shaker**

—

Service :

**Verre à cantine**

**Vodka**
1 verre à liqueur

**Lait d'amande**
1 verre à liqueur

**Café soluble**
1 cuil. à café

**Sirop de sucre de canne**
2 cuil. à café

**Poudre de cacao**
1 pincée

**8 à 10 glaçons**

**Préparation : 5 min**

- Placez le verre au congélateur pour le rafraîchir.
- Versez la **vodka**, le **lait d'amande**, le **café soluble** et le **sirop de sucre de canne** dans le shaker, puis ajoutez les **glaçons**.
- Shakez 20 s, filtrez dans le verre préalablement rafraîchi et poudrez de **cacao**.

# 50-50 VODKA MARTINI
## Corsé et sec

Préparation :

**Au shaker**

—

Service :

**Verre à cocktail**

**Vodka**
3 cuil. à soupe

**Vermouth sec**
3 cuil. à soupe

**Citron**
1 long zeste

**6 à 8 glaçons**

**Préparation : 4 min**

• Placez le verre au congélateur pour le rafraîchir puis remplissez le shaker de **glaçons**.
• Versez-y tous les **ingrédients** et mélangez 1 min avec une cuillère.
• Déposez sur le shaker la partie haute incluant la passoire et filtrez le cocktail dans le verre préalablement rafraîchi. Décorez avec le zeste de **citron**.

# CARMELA
## Fruité et aromatique

Préparation :

**Direct au verre**

—

Service :

**Verres hauts**

**Vodka**
2 verres à liqueur

**Romarin**
2 brins

**Oranges sanguines**
x 4 (le jus)

**5 à 7 glaçons**

**Préparation : 2 min**

- Remplissez les verres de **glaçons**, puis versez la **vodka** et le jus des **oranges sanguines**.
- Mélangez 10 s.
- Frottez légèrement 2 **brins de romarin** entre vos mains et déposez-les sur les verres.

# LE RUSSE BLANC
## Onctueux et torréfié

Préparation :

**Direct au verre**

—

Service :

**Verre à whisky**

**Vodka**
2 cuil. à soupe

**Liqueur de café**
2 cuil. à soupe

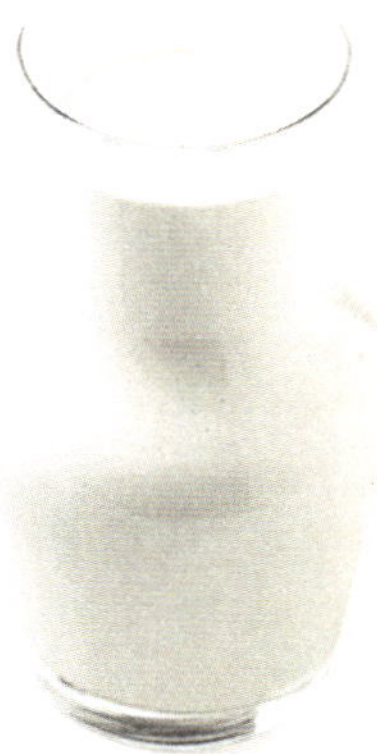

**Crème liquide**
1 verre à liqueur

**5 à 7 glaçons**

**Préparation : 2 min**

- Remplissez le verre de **glaçons**, puis versez la **vodka** et la **liqueur de café**.
- Versez doucement la **crème**.
- Remuez 15 s avant de déguster.

# SEA BREEZE
## Amer et fruité

Préparation :

**Direct au verre**

—

Service :

**Verre haut**

**Vodka**
1 verre à liqueur

**Jus de cranberry**
1 verre à liqueur

**Pamplemousse**
x ¼ (le jus)

**Tonic**
2 verres à liqueur (frais)

**Citron vert**
1 quartier

**6 à 8 glaçons**

**Préparation : 3 min**

• Remplissez le verre de **glaçons** et versez tous les **ingrédients** en terminant par le **tonic** frais.

• Mélangez 10 s avec une cuillère et décorez avec le quartier de **citron vert**.

# CAIPIROWSKA AGRUMES ET PASSION

## Gourmand et exotique

Préparation :

**Au shaker**

—

Service :

**Verre cantine**

**Vodka**
1 verre à liqueur

**Jus de fruit de la Passion**
1 verre à liqueur

**Marmelade d'oranges**
2 cuil. à café

**Citron vert**
x ¼ (le jus)

**Orange**
½ tranche

**10 à 12 glaçons**

**Préparation : 5 min**

- Versez la **vodka**, le **jus de fruit de la Passion**, le jus du **citron vert** et la **marmelade** dans le shaker, puis ajoutez 6 à 8 **glaçons**. Shakez 15 s.
- Remplissez le verre de 4 **glaçons** et filtrez le cocktail.
- Ajoutez la ½ tranche d'**orange**.

# VODKA FRAMBOISES-PIMENT
## Fruité et pimenté

Préparation :

**Au shaker**

—

Service :

**Verre cantine**

**Vodka**
1 verre à liqueur

**Confiture de framboises**
2 cuil. à café

**Tabasco®**
1 trait

**Citron vert**
x ¼ (le jus)

**Piment oiseau**
x 1

**10 à 12 glaçons**

**Préparation : 5 min**

- Versez la **vodka**, le jus du **citron vert**, la **confiture** et le **Tabasco®** dans le shaker, puis ajoutez 6 à 8 **glaçons**. Shakez 15 s.
- Remplissez le verre de 4 **glaçons**, filtrez le cocktail et posez le **piment oiseau** sur le verre.

# FRENCH MARTINI
## Corsé et fruité

Préparation :

**Au shaker**

—

Service :

**Verre à cocktail**

**Vodka**
1 verre à liqueur

**Crème de mûre**
1 cuil. à soupe

**Jus d'ananas**
1 verre à liqueur

**6 à 8 glaçons**

**Préparation : 3 min**

- Placez le verre au congélateur pour le rafraîchir.
- Versez la **vodka**, la **crème de mûre** et le **jus d'ananas** dans le shaker, ajoutez les **glaçons** et shakez 15 s.
- Filtrez dans le verre préalablement rafraîchi.

# MOSCOW MULE

## Exotique et acidulé

Préparation :

**Direct au verre**

—

Service :

**Verre haut**

**Vodka**
1 verre à liqueur

**Citron vert**
x ¼ (le jus) + 1 quartier

**Ginger ale**
2 verres à liqueur (frais)

**6 à 8 glaçons**

**Préparation : 5 min**

• Remplissez votre verre de glaçons et versez tous les **ingrédients** en terminant par le **ginger ale** frais.

• Mélangez 15 s avec une cuillère et décorez avec le quartier de **citron vert**.

# LEMON DROP
## Acidulé et exotique

Préparation :

**Au shaker**

—

Service :

**Verre à cocktail**

**Vodka**
1 verre à liqueur

**Liqueur d'orange**
1 cuil. à soupe

**Citron**
x ½ (le jus) + 1 rondelle

**Sirop de sucre de canne**
1 cuil. à soupe

**6 à 8 glaçons**

**Préparation : 5 min**

- Placez le verre au congélateur pour le rafraîchir.
- Versez tous les **ingrédients** dans le shaker, ajoutez 6 à 8 **glaçons** et shakez pendant 20 s.
- Filtrez dans le verre préalablement rafraîchi et décorez avec la rondelle de **citron**.

# SANGRIA AU MELON
## Doux et fruité

Préparation :

**Dans un pichet**

—

Service :

**Verres à vin**

**Vodka**
2 verres à liqueur

**Vin blanc moelleux**
1 bouteille

**Melon**
300 g de billes (surgelées)

**Menthe**
20 feuilles

**: 6**

**Préparation : 5 min**
**Repos : 30 min**

- Versez le **vin blanc**, la **vodka**, les billes de **melon** et les feuilles de **menthe** dans le pichet.
- Laissez reposer 30 min à température ambiante en remuant régulièrement.
- Lorsque les billes de **melon** sont décongelées, servez.

# EXPRESSO MARTINI
## Onctueux et torréfié

Préparation :

**Au shaker**

—

Service :

**Verre à cocktail**

**Vodka**
1 verre à liqueur

**Café soluble**
1 cuil. à café

**Sirop de sucre de canne**
2 cuil. à café

**Eau minérale**
1 verre à liqueur

**8 à 10 glaçons**

**Préparation : 5 min**

- Placez le verre au congélateur pour le rafraîchir.
- Versez la **vodka**, le **café soluble**, le **sirop de sucre de canne** et l'**eau minérale** dans le shaker, puis ajoutez les **glaçons**.
- Shakez 15 s et filtrez dans le verre préalablement rafraîchi.

# VODKA PASSION
## Végétal et exotique

Préparation :

**Au shaker**

—

Service :

**Verre haut**

**Vodka**
1 verre à liqueur

**Basilic**
5 feuilles

**Citron vert**
x ¼ (le jus)

**Jus de fruit de la Passion**
2 verres à liqueur

**10 à 12 glaçons**

**Préparation : 5 min**

- Versez la **vodka**, le **jus de fruit de la Passion**, le jus du **citron vert** et 4 feuilles de **basilic** dans le shaker, puis ajoutez 6 à 8 **glaçons**. Shakez 10 s.
- Remplissez le verre de 4 **glaçons** et filtrez le cocktail.
- Décorez avec la dernière feuille de **basilic**.

# COSMOPOLITAN
## Corsé et fruité

Préparation :

**Au shaker**

—

Service :

**Verre à cocktail**

**Vodka**
1 verre à liqueur

**Triple sec**
1 cuil. à soupe

**Jus de cranberry**
1 verre à liqueur

**Citron vert**
x ¼ (le jus)

**Orange**
1 zeste

**6 à 8 glaçons**

**Préparation : 5 min**

- Placez le verre au congélateur pour le rafraîchir.
- Versez la **vodka**, le **triple sec**, le **jus de cranberry** et le jus du **citron vert** dans le shaker, ajoutez les **glaçons** et shakez 20 s.
- Filtrez dans le verre préalablement rafraîchi puis pressez et posez le zeste d'**orange**.

# MOJITO
## Frais, pétillant et mentholé

Préparation :

**Direct au verre**

—

Service :

**Verre haut**

**Rhum blanc**
1 verre à liqueur

**Citron vert**
x ½ (le jus)

**Menthe**
8 feuilles + 1 brin

**Eau pétillante**
1 verre à liqueur (fraîche)

**Sirop de sucre de canne**
3 cuil. à café

**6 à 8 glaçons**

**Préparation : 5 min**

- Froissez les 8 feuilles de **menthe** entre vos mains et mettez-les dans le verre.
- Remplissez le verre de **glaçons**, puis versez le **rhum**, le jus du **citron vert**, le **sirop de sucre de canne** et terminez par l'**eau pétillante**.
- Mélangez 10 s et ajoutez 1 brin de **menthe**.

# PIÑA COLADA-COCO

## Doux et fruité

Préparation :

**Direct au verre**

—

Service :

**Verre haut**

**Rhum blanc**
1 verre à liqueur

**Jus d'ananas**
1 verre à liqueur

**Eau de coco**
2 verres à liqueur

**Citron vert**
x ¼ (le jus)

**6 à 8 glaçons**

**Préparation : 5 min**

- Remplissez le verre de **glaçons** puis versez le **rhum**, le **jus d'ananas**, l'**eau de coco** et le jus du **citron vert**.
- Mélangez 10 s.

# CUBA LIBRE
## Doux et pétillant

Préparation :

**Direct au verre**

—

Service :

**Verre haut**

**Rhum blanc**
1 verre à liqueur

**Cola**
3 verres à liqueur (frais)

**Citron vert**
1 tranche

**6 à 8 glaçons**

**Préparation : 2 min**

- Remplissez le verre de **glaçons**, versez le **rhum** puis le **cola**.
- Mélangez 10 s et ajoutez la tranche de **citron vert**.

# TI PUNCH-MANGUE
## Exotique et corsé

Préparation :

**Au blender**

Service :

**Verres cantine**

**Rhum blanc**
4 verres à liqueur

**Sorbet mangue**
4 cuil. à soupe

**Citron vert**
x 1 (le jus) + 4 quartiers

**6 à 8 glaçons**

**Préparation : 5 min**

- Versez le **rhum**, le **sorbet** et le jus du **citron vert** dans le blender, ajoutez les **glaçons** et mixez 20 s à vitesse maximum.
- Servez et ajoutez 1 quartier de **citron vert** dans chaque verre.

# TI PUNCH-CLÉMENTINE

## Corsé et acidulé

Préparation :

**Direct au verre**

Service :

**Verre cantine**

**Rhum blanc**
1 verre à liqueur

**Citron vert**
x ¼ (le jus)

**Marmelade de clémentines**
2 cuil. à café

**5 à 7 glaçons**

**Préparation : 5 min**

- Versez le **rhum**, le jus du **citron vert** et la **marmelade de clémentines** dans le verre, puis mélangez 10 s.
- Ajoutez les **glaçons** et mélangez de nouveau.

# DAIQUIRI
## Corsé et acidulé

Préparation :

**Au shaker**

—

Service :

**Verre à cocktail**

**Rhum blanc**
1 verre à liqueur

**Citron vert**
x ½ (le jus) + 1 quartier

**Sirop de sucre de canne**
1 cuil. à soupe

**6 à 8 glaçons**

**Préparation : 2 min**

- Placez le verre au congélateur pour le rafraîchir.
- Versez le **rhum**, le jus du **citron vert** et le **sirop de sucre de canne** dans le shaker. Ajoutez les **glaçons** et shakez 20 s.
- Filtrez dans le verre préalablement rafraîchi et ajoutez le quartier de **citron vert**.

# DAIQUIRI-FRAISES
## Fruité et acidulé

Préparation :

**Au blender**

—

Service :

**Verre à whisky**

**Rhum blanc**
1 verre à liqueur

**Fraises**
x 4 + ½

**Citron vert**
x ½ (le jus)

**Sirop de sucre de canne**
1 cuil. à soupe

**4 à 6 glaçons**

**Préparation : 5 min**

- Équeutez les **fraises**.
- Versez le **rhum**, 4 **fraises**, le jus du **citron vert** et le **sirop de sucre de canne** dans le blender.
- Ajoutez les **glaçons** et mixez 20 s à vitesse maximum.
- Versez dans le verre et ajoutez la ½ **fraise** restante.

# MANHATTAN AU RHUM

## Corsé et aromatique

Préparation :

**Direct au verre**

—

Service :

**Verre à whisky**
**(ou verre à eau)**

**Rhum ambré**
1 verre à liqueur

**Vermouth rouge**
2 cuil. à soupe

**Angostura® Bitters**
2 traits

**Cerises à l'eau de vie**
x 2

**5 à 7 glaçons**

**Préparation : 2 min**

- Remplissez le verre de **glaçons** puis versez le **rhum**, le **vermouth** et l'**Angostura® Bitters**.
- Mélangez 20 s et déposez les 2 **cerises à l'eau-de-vie**.

# OLD CUBAIN
## Végétal et pétillant

Préparation :

**Au shaker**

—

Service :

**Verre à cocktail**

**Rhum ambré**
1 verre à liqueur

**Citron vert**
x ½ (le jus)

**Sirop de sucre de canne**
1 cuil. à soupe

**Menthe**
1 brin

**Vin mousseux**
1 cuil. à soupe

**6 à 8 glaçons**

**Préparation : 5 min**

- Placez le verre au congélateur pour le rafraîchir.
- Versez tous les **ingrédients** sauf le **vin mousseux** dans le shaker, ajoutez 6 à 8 **glaçons** et shakez 20 s.
- Filtrez dans le verre préalablement rafraîchi, verser le **vin mousseux**, et décorez avec le brin de **menthe**.

# PUNCH AU CIDRE
## Fruité et pétillant

Préparation :

**Dans un saladier**

—

Service :

**Verres à whisky**

**Rhum ambré**
1 mug

**Cidre**
1 bouteille (frais)

**Jus de pomme**
2 mugs

**Citrons**
x 3

**Épices mélangées**
Girofle/badiane/cannelle

**: 8**

**20 glaçons**

**Préparation : 15 min**

• Pressez 2 **citrons** et taillez le 3e en tranches. Mettez-les dans le saladier.

• Ajoutez le **rhum**, le **jus de pomme**, le **cidre** et les **glaçons**.

• Ajoutez 20 **clous de girofle**, 6 **étoiles de badiane** et 4 **bâtons de cannelle**, puis mélangez avant de servir.

# MAI TAI
## Exotique et corsé

Préparation :

**Au shaker**

—

Service :

**Verre à whisky**

**Rhum ambré**
1 verre à liqueur

**Triple sec**
2 cuil. à café

**Citron vert**
x ½ (le jus)

**Sirop d'orgeat**
3 cuil. à café

**Menthe**
1 brin

**10 à 12 glaçons**

**Préparation : 5 min**

- Versez le **rhum**, le **triple sec**, le jus du **citron vert** et le **sirop d'orgeat** dans le shaker, puis ajoutez 6 à 8 **glaçons**. Shakez 15 s.
- Remplissez le verre de 4 **glaçons** et filtrez le cocktail.
- Ajoutez le brin de **menthe**.

# RHUM OLD FASHIONED
## Corsé et aromatique

Préparation :

**Direct au verre**

—

Service :

**Verre à whisky**

**Rhum ambré**
1 verre à liqueur

**Sirop de sucre de canne**
2 cuil. à café

**Angostura® Bitters**
2 traits

**Orange**
1 zeste

**5 à 7 glaçons**

**Préparation : 3 min**

- Remplissez le verre de **glaçons** et versez tous les **ingrédients**.
- Mélangez 30 s avec une cuillère et décorez avec le zeste d'**orange**.

# DARK & STORMY
## Épicé et pétillant

Préparation :

**Direct au verre**

—

Service :

**Verre haut**

**Rhum ambré**
1 verre à liqueur

**Ginger ale**
3 verres à liqueur

**Citron vert**
1 quartier

**8 à 10 glaçons**

**Préparation : 2 min**

- Remplissez le verre de **glaçons**, versez le **rhum** puis le **ginger ale**.
- Mélangez 10 s, ajoutez le quartier de **citron vert**.

# PAIN KILLER
## Doux et fruité

Préparation :

**Direct au verre**

—

Service :

**Verre haut**

**Rhum ambré**
1 verre à liqueur

**Orange**
x ½ (le jus)

**Jus d'ananas**
1 verre à liqueur

**Eau de coco**
1 verre à liqueur

**Sirop de sucre de canne**
2 cuil. à café

**6 à 8 glaçons**

**Préparation : 5 min**
**Décoration : 1 morceau d'ananas frais**

- Remplissez le verre de **glaçons** et versez tous les **ingrédients**.
- Mélangez 10 s avec une cuillère et décorez avec 1 morceau d'**ananas**.

# JUNGLE BIRD
## Exotique et acidulé

Préparation :

**Direct au verre**

—

Service :

**Verre haut**

**Rhum ambré**
1 verre à liqueur

**Campari**
1 cuil. à soupe

**Jus d'ananas**
1 verre à liqueur

**Citron vert**
x ¼ (le jus)

**Sirop de sucre de canne**
2 cuil. à café

**6 à 8 glaçons**

**Préparation : 5 min**
**Décoration : 1 feuille d'ananas**

- Versez tous les **ingrédients** dans le shaker et ajoutez 6 à 8 **glaçons**.
- Shakez 15 s, remplissez le verre de **glaçons**, filtrez le cocktail et décorez d'1 feuille d'**ananas**.

# EAU DE RHUM
## Doux et exotique

Préparation :

**Direct au verre**

—

Service :

**Verre haut**

**Rhum ambré**
1 verre à liqueur

**Eau de coco**
2 verres à liqueur

**Citron vert**
x ¼ (le jus)

**Sirop de sucre de canne**
2 cuil. à café

**Menthe**
1 brin

**6 à 8 glaçons**

**Préparation : 5 min**

- Remplissez le verre de **glaçons** puis versez le **rhum**, l'**eau de coco**, le jus du **citron vert** et le **sirop de sucre de canne**.
- Mélangez 10 s et décorez avec le brin de **menthe**.

# SENSEI
## Exotique et pétillant

Préparation :

**Direct au verre**

—

Service :

**Verre à cantine**

**Whisky japonais**
1 verre à liqueur

**Sirop de sucre de canne**
1 cuil. à café

**Thé vert**
2 verres à liqueur (froid)

**Eau pétillante**
1 verre à liqueur

**Menthe**
1 brin

**6 à 8 glaçons**

**Préparation : 5 min**

- Remplissez le verre de **glaçons**, puis versez le **whisky**, le **thé**, le **sirop de sucre de canne** et terminez par l'**eau pétillante**.
- Mélangez 10 s et ajoutez le brin de **menthe**.

# HIGHBALL
## Exotique et pétillant

Préparation :

**Direct au verre**

—

Service :

**Verre haut**

**Whisky japonais**
1 verre à liqueur

**Eau gazeuse**
2 verres à liqueur

**Orange**
1 zeste

**6 à 8 glaçons**

**Préparation : 5 min**

- Remplissez le verre de **glaçons** et versez le **whisky** puis terminez par l'**eau gazeuse**.
- Mélangez 15 s avec une cuillère et décorez avec le zeste d'**orange**.

# WHISKY SOUR
## Acidulé et onctueux

Préparation :

**Au shaker**

—

Service :

**Verre à whisky**

**Whisky**
1 verre à liqueur

**Citron**
x ¼ (le jus) + ½ tranche

**Œuf**
1 blanc

**Sirop de sucre de canne**
3 cuil. à café

**10 à 12 glaçons**

**Préparation : 5 min**

• Versez le **whisky**, le jus du **citron**, le **sirop de sucre de canne** et le **blanc d'œuf** dans le shaker, ajoutez 6 à 8 **glaçons** et shakez 15 s.

• Remplissez le verre de 4 **glaçons**, filtrez le cocktail et ajoutez la ½ tranche de **citron**.

# MAMIE TAYLOR
## Fruité et pétillant

Préparation :

**Direct au verre**

—

Service :

**Verre haut**

**Whisky**
1 verre à liqueur

**Citron vert**
x ¼ (le jus) + 1 rondelle

**Ginger ale**
2 verres à liqueur (frais)

**6 à 8 glaçons**

**Préparation : 5 min**

• Remplissez le verre de **glaçons** et versez tous les **ingrédients** en terminant par le **ginger ale** frais.

• Mélangez 15 s avec une cuillère et décorez avec la rondelle de **citron vert**.

# HOT TODDY
## Doux et aromatique

Préparation :

**Direct au verre**

—

Service :

**Tasse**
(ou mug)

**Whisky**
1 verre à liqueur

**Miel liquide**
2 cuil. à café

**Citron**
1 zeste

**Eau minérale**
3 verres à liqueur (chaude)

**Clous de girofle**
x 4

**Préparation : 10 min**
**Infusion : 4 min**

- Versez le **whisky** et le **miel** dans la tasse ou le mug, complétez avec l'**eau** chaude et mélangez 10 s.
- Plantez 4 **clous de girofle** dans le zeste de **citron**, déposez-le dans la tasse ou le mug et laissez infuser quelques minutes.

# VINTAGE COCO

## Frais et fruité

Préparation :

**Direct au verre**

Service :

**Verre haut**

**Whisky**
1 verre à liqueur

**Eau de coco**
1 verre à liqueur

**Jus d'ananas**
1 verre à liqueur

**Tonic**
1 verre à liqueur

**6 à 8 glaçons**

**Préparation : 5 min**

- Remplissez le verre de **glaçons** et versez tous les **ingrédients**.
- Mélangez 10 s avec une cuillère.

# ROB ROY
## Corsé et aromatique

Préparation :

**Au shaker**

—

Service :

**Verre à cocktail**

**Whisky**
1 verre à liqueur

**Vermouth rouge**
2 cuil. à soupe

**Angostura® Bitters**
2 traits

**Cerises à l'eau de vie**
x 2

**6 à 8 glaçons**

**Préparation : 4 min**

- Placez le verre au congélateur pour le rafraîchir puis remplissez le shaker de **glaçons**.
- Versez-y tous les **ingrédients** et mélangez 1 min avec une cuillère.
- Déposez sur le shaker la partie haute incluant la passoire et filtrez le cocktail dans le verre préalablement rafraîchi. Décorez avec les **cerises à l'eau de vie**.

# EL DIABLO
## Aromatique et pétillant

Préparation :

**Direct au verre**

—

Service :

**Verre haut**

**Tequila**
1 verre à liqueur

**Citron vert**
x ½ (le jus) + ½ tranche

**Crème de cassis**
1 cuil. à soupe

**Ginger ale**
2 verres à liqueur (frais)

**6 à 8 glaçons**

**Préparation : 5 min**

• Remplissez le verre de **glaçons** et versez tous les **ingrédients** en terminant par le **ginger ale** frais.

• Mélangez 15 s avec une cuillère et décorez avec la ½ tranche de **citron vert**.

# TEQUILA OLD FASHIONED

## Exotique et aromatique

Préparation :

**Direct au verre**

—

Service :

**Verre à whisky**

**Tequila**
1 verre à liqueur

**Sirop de sucre de canne**
2 cuil. à café

**Angostura® Bitters**
2 traits

**Orange**
1 zeste

**5 à 7 glaçons**

**Préparation : 3 min**

- Remplissez le verre de **glaçons** et versez tous les **ingrédients**.
- Mélangez 30 s avec une cuillère et décorez avec le zeste d'**orange**.

# APPLE CIDER COCKTAIL
## Frais et fruité

Préparation :

**Direct au verre**

—

Service :

**Verre haut**

**Tequila**
1 verre à liqueur

**Citron**
¼ (le jus) + 1 quartier

**Liqueur d'orange**
1 cuil. à soupe

**Ginger ale**
1 verre à liqueur

**Cidre**
1 verre à liqueur (frais)

**6 à 8 glaçons**

**Préparation : 5 min**

- Remplissez le verre de **glaçons** et versez tous les **ingrédients** en terminant par le **cidre** frais.
- Décorez avec le quartier de **citron**.

# TEQUILA NEGRONI
## Exotique et amer

Préparation :

**Direct au verre**

—

Service :

**Verre à whisky**

**Tequila**
1 verre à liqueur

**Vermouth rouge**
1 verre à liqueur

**Campari**
1 verre à liqueur

**Citron vert**
1 quartier

**5 à 7 glaçons**

**Préparation : 5 min**

- Remplissez le verre de **glaçons** et versez tous les **ingrédients**.
- Mélangez 20 s avec une cuillère et décorez avec le quartier de **citron vert**.

# SIESTA COCKTAIL
## Exotique et amer

Préparation :

**Au shaker**

—

Service :

**Verre à cocktail**

**Tequila**
1 verre à liqueur

**Campari**
1 cuil. à soupe

**Citron vert**
x ½ (le jus)

**Sirop de pamplemousse**
3 cuil. à café

**Orange**
1 zeste

**6 à 8 glaçons**

**Préparation : 4 min**

- Placez le verre au congélateur pour le rafraîchir.
- Versez tous les **ingrédients** dans le shaker, ajoutez 6 à 8 **glaçons** et shakez 20 s.
- Filtrez dans votre verre préalablement rafraîchi et décorez avec le zeste d'**orange**.

# PALOMA
## Exotique et acidulé

Préparation :

**Direct au verre**

—

Service :

**Verre haut**

**Tequila**
1 verre à liqueur

**Citron vert**
x ¼ (le jus)

**Sirop de pamplemousse**
1 cuil. à soupe

**Eau pétillante**
2 verres à liqueur (fraîche)

**Pamplemousse rose**
1 quartier

**6 à 8 glaçons**

**Préparation : 5 min**

- Remplissez le verre de **glaçons**, versez la **tequila**, le jus du **citron vert**, le **sirop de pamplemousse** et terminez par l'**eau pétillante**.
- Mélangez 10 s et ajoutez le quartier de **pamplemousse**.

# TOMMY'S MARGARITA
## Aromatique et acidulé

Préparation :

**Au shaker**

—

Service :

**Verres à whisky**

**Tequila**
2 verres à liqueur

**Citron vert**
x 1 (le jus) + 2 quartiers

**Sirop d'agave**
6 cuil. à café

**18 à 20 glaçons**

**Préparation : 3 min**

• Versez la **tequila**, le jus du **citron vert** et le **sirop d'agave** dans le shaker, puis ajoutez 10 à 12 **glaçons**. Shakez 15 s.

• Remplissez chaque verre de 4 **glaçons**, filtrez le cocktail. Ajoutez 1 quartier de **citron vert** dans chaque verre.

# MARGARITA ORANGE SANGUINE

## Fruité et acidulé

Préparation :

**Au shaker**

—

Service :

**Verre haut**

**Tequila**
1 verre à liqueur

**Orange sanguine**
x 1 (le jus) + ½ tranche

**Citron vert**
x ½ (le jus)

**Sirop d'agave**
2 cuil. à café

**10 à 12 glaçons**

**Préparation : 5 min**

- Versez la **tequila**, le jus de l'**orange sanguine**, le jus du **citron** et le **sirop d'agave** dans le shaker, puis ajoutez 6 à 8 **glaçons**. Shakez 10 s.
- Remplissez le verre de 4 **glaçons**, filtrez le cocktail et posez la ½ tranche d'**orange sanguine**.

# L'ABRICOTIER
## Exotique et fruité

Préparation :

**Au shaker**

—

Service :

**Verre haut**

**Tequila**
1 verre à liqueur

**Jus d'abricot**
1 verre à liqueur

**Fruit de la Passion**
x 1

**Sirop d'agave**
2 cuil. à café

**Citron vert**
x ½ (le jus)

**10 à 12 glaçons**

**Préparation : 5 min**

- Découpez l'extrémité du **fruit de la Passion**, réservez-la pour la décoration et versez le reste de la pulpe dans le shaker.
- Ajoutez la **tequila**, le **jus d'abricot**, le jus du **citron vert**, le **sirop d'agave** et 6 à 8 **glaçons**, puis shakez 10 s.
- Remplissez le verre de 4 **glaçons**, filtrez le cocktail, ajoutez le **fruit de la Passion**.

# PUNCH-TEQUILA
## Exotique et épicé

Préparation :

**Dans un saladier**

—

Service :

**Verres à whisky**

**Tequila**
1 mug

**Pamplemousses**
x 3 + ½

**Oranges**
x 6 + 1

**Grenade**
x 1

**Ginger ale**
1 mug (frais)

**: 6**

**20 glaçons**

**Préparation : 10 min**

- Découpez la **grenade** et déposez les graines dans le saladier. Ajoutez la **tequila**, le **jus de 3 pamplemousses** et de 6 **oranges**, et terminez par le **ginger ale**.
- Ajoutez les **glaçons** et mélangez 20 s.
- Découpez l'**orange** restante et le ½ **pamplemousse** en tranches. Recoupez-les en 4, puis ajoutez-les au punch et servez.

# POMME & CORIANDRE
## Fruité et aromatique

Préparation :

**Au shaker**

—

Service :

**Verre à cocktail**

**Tequila**
1 verre à liqueur

**Jus de pomme**
1 verre à liqueur

**Citron vert**
x ½ (le jus)

**Sirop d'agave**
2 cuil. à café

**Coriandre**
3 brins + 1 feuille

**6 à 8 glaçons**

**Préparation : 5 min**

• Placez le verre au congélateur pour le rafraîchir.
• Versez la **tequila**, le **jus de pomme**, le jus du **citron vert**, 3 brins de **coriandre** et le **sirop d'agave** dans le shaker, ajoutez 6 à 8 **glaçons** et shakez 20 s.
• Filtrez dans le verre préalablement rafraîchi et ajoutez la feuille de **coriandre**.

# HOT MARGARITA-FRAISES

## Gourmand et pimenté

Préparation :

**Au blender**

—

Service :

**Verres cantine**

**Tequila**
2 verres à liqueur

**Fraises**
x 8

**Citron vert**
x 1 (le jus)

**Tabasco®**
4 traits

**Sirop d'agave**
1 cuil. à soupe

**8 à 10 glaçons**

**Préparation : 5 min**
**Décoration : 2 piments oiseaux**

- Versez la **tequila**, les **fraises** équeutées, le jus du **citron vert**, le **Tabasco®** et le **sirop d'agave** dans le blender.
- Ajoutez les **glaçons** et mixez 20 s à vitesse maximum.
- Versez et décorez avec 1 **piment oiseau** dans chaque verre.

# SAGE & PINEAPPLE

## Exotique et végétal

Préparation :

**Au shaker**

—

Service :

**Verre à whisky**

**Tequila**
1 verre à liqueur

**Jus d'ananas**
1 verre à liqueur

**Citron vert**
x ½ (le jus)

**Sirop d'agave**
2 cuil. à café

**Sauge**
6 feuilles

**10 à 12 glaçons**

**Préparation : 5 min**

- Versez la **tequila**, le **jus d'ananas**, le jus du **citron vert**, 5 feuilles de **sauge** et le **sirop d'agave** dans le shaker, ajoutez 6 à 8 **glaçons** et shakez 10 s.
- Remplissez le verre de 4 **glaçons**, filtrez le cocktail, et ajoutez la dernière feuille de **sauge**.

# HOT PUNCH
## Exotique et pimenté

Préparation :

**Dans un saladier**

—

Service :

**Verres à whisky**

**Pisco**
1 mug

**Ananas au sirop**
1 boîte (550 g)

**Citrons verts**
x 2 (le jus) + 1 (déco)

**Eau minérale**
2 mugs

**Piments antillais**
12 fines tranches

**: 6**

**20 glaçons**

**Préparation : 10 min**

• Découpez les tranches d'**ananas** en 6 et versez-les dans le saladier avec leur **sirop**.
• Ajoutez le **pisco**, le jus des **citrons verts**, l'**eau minérale** et les **glaçons**.
• Décorez avec le **citron vert** restant coupés en ½ tranches et 12 tranches de **piment antillais** (sans les graines) puis mélangez avant de servir.

# CAIPIRINHA
## Corsé et acidulé

Préparation :

**Direct au verre**

—

Service :

**Verre à whisky**

**Cachaça**
1 verre à liqueur

**Citron vert**
x ½ (le jus) + 1 quartier

**Sirop de sucre de canne**
1 cuil. à soupe

**5 à 7 glaçons**

**Préparation : 5 min**

- Remplissez le verre de **glaçons** puis versez la **cachaça**, le jus du **citron vert** et le **sirop de sucre de canne**.
- Mélangez 20 s et décorez avec le quartier de **citron vert**.

# BATIDA
## Exotique et pétillant

Préparation :

**Direct au verre**

—

Service :

**Verre haut**

**Cachaça**
1 verre à liqueur

**Eau de coco**
1 verre à liqueur

**Sirop de sucre de canne**
2 cuil. à café

**Jus d'ananas**
1 verre à liqueur

**Eau gazeuse**
1 verre à liqueur

**6 à 8 glaçons**

**Préparation : 5 min**
**Décoration : 1 feuille d'ananas**

- Remplissez le verre de **glaçons** et versez tous les **ingrédients**.
- Mélangez 10 s avec une cuillère et décorez avec 1 feuille d'**ananas**.

# CAIPIRINHA FRAMBOISES-BASILIC

## Corsé et fruité

Préparation :

**Au blender**

—

Service :

**Verres haut**

**Cachaça**
2 verres à liqueur

**Basilic**
6 feuilles

**Citron vert**
x ½ (le jus)

**Sirop de sucre de canne**
1 cuil. à soupe

**Sorbet framboise**
2 cuil. à soupe

**5 à 7 glaçons**

**Préparation : 5 min**

- Versez la **cachaça**, le **sorbet**, le jus du **citron vert**, 4 feuilles de **basilic** et le **sirop de sucre de canne** dans le blender.
- Ajoutez les **glaçons** et mixez 20 s à vitesse maximum.
- Servez et déposez 1 feuille de **basilic** dans chaque verre.

# NOUVELLE-ORLÉANS
## Doux et aromatique

Préparation :

**Dans une théière**

—

Service :

**Tasses ou mugs**

**Bourbon**
4 verres à liqueur

**Abricots au sirop**
1 boîte (240 g)

**Thé noir**
2 mugs (chaud)

**Préparation : 20 min**

- Déposez ½ **abricot** découpé en quartiers dans chaque tasse ou mug.
- Versez le **thé noir** dans une grande théière, ajoutez le **bourbon** et 3 cuil. à soupe du **sirop des abricots**.
- Mélangez et servez dans les tasses ou les mugs.

# BOURBON SMASH
## Corsé et mentholé

Préparation :

**Au shaker**

—

Service :

**Verre à whisky**

**Bourbon**
1 verre à liqueur

**Citron**
x ¼ (le jus)

**Sirop de sucre de canne**
3 cuil. à café

**Menthe**
8 feuilles + 1 brin

**10 à 12 glaçons**

**Préparation : 5 min**

- Versez le **bourbon**, le jus du **citron**, le **sirop de sucre de canne** et les 8 feuilles de **menthe** dans le shaker, puis ajoutez 6 à 8 **glaçons**.
- Shakez 15 s, remplissez le verre de 4 **glaçons** et filtrez le cocktail.
- Ajoutez le brin de **menthe**.

# EGG NOG
## Gourmand et aromatique

Préparation :

**Au shaker**

—

Service :

**Verre à vin**

**Bourbon**
1 verre à liqueur

**Crème liquide**
2 cuil. à soupe

**Œuf**
x 1

**Sirop de sucre de canne**
1 cuil. à soupe

**Muscade**
1 pincée (râpée)

**6 à 8 glaçons**

**Préparation : 4 min**

• Placez le verre au congélateur pour le rafraîchir.
• Versez le **bourbon**, la **crème liquide**, l'**œuf** et le **sirop de sucre de canne** dans le shaker, puis ajoutez 6 à 8 **glaçons**.
• Shakez 20 s, filtrez dans le verre préalablement rafraîchi et poudrez de **muscade** râpée.

# LE VERGER
## Fruité et pétillant

Préparation :

**Au shaker**

—

Service :

**Verre haut**
(ou pot à confiture)

**Bourbon**
1 verre à liqueur

**Citron**
x ¼ (le jus)

**Confiture d'abricots**
2 cuil. à café

**Eau pétillante**
2 verres à liqueur (fraîche)

**Romarin**
1 brin

**10 à 12 glaçons**

**Préparation : 10 min**

- Versez le **bourbon**, le jus du **citron** et la **confiture d'abricots** dans le shaker, ajoutez 6 à 8 **glaçons** et shakez 15 s.
- Remplissez le pot à confiture de 4 **glaçons**, filtrez le cocktail, complétez avec l'**eau pétillante** et mélangez.
- Frottez 1 **brin de romarin** entre vos mains et déposez-le dans le cocktail.

# OLD FASHIONED
## Corsé et aromatique

Préparation :

**Direct au verre**

—

Service :

**Verre à whisky**

**Bourbon**
1 verre à liqueur

**Sirop de sucre de canne**
2 cuil. à café

**Angostura® Bitters**
2 traits

**Orange**
½ tranche

**5 à 7 glaçons**

**Préparation : 2 min**

- Remplissez le verre de **glaçons** et versez le **bourbon**, le **sirop de sucre de canne** et l'**Angostura® Bitters**.
- Mélangez 30 s et ajoutez la ½ tranche d'**orange**.

# STONE FENCE
## Aromatique et pétillant

Préparation :

**Direct au verre**

—

Service :

**Verre haut**

**Bourbon**
1 verre à liqueur

**Citron**
x ¼ (le jus)

**Sirop de sucre de canne**
2 cuil. à café

**Cidre**
2 verres à liqueur (frais)

**Chips de pomme**
x 1 (ou 1 rondelle de pomme)

**6 à 8 glaçons**

**Préparation : 5 min**

- Remplissez le verre de **glaçons**, puis versez le **bourbon**, le jus du **citron**, le **sirop de sucre de canne** et terminez par le **cidre**.
- Mélangez 15 s et ajoutez 1 **chips de pomme**.

# MINT JULEP
## Corsé et mentholé

Préparation :

**Direct au verre**

—

Service :

**Verre à whisky**

**Bourbon**
1 verre à liqueur

**Sirop de sucre de canne**
2 cuil. à café

**Menthe**
10 feuilles + 1 brin

**5 à 7 glaçons**

**Préparation : 5 min**

- Froissez les feuilles de **menthe** entre vos mains et mettez-les dans le verre.
- Ajoutez le **bourbon**, le **sirop de sucre de canne** et les **glaçons**.
- Mélangez 30 s et ajoutez le brin de **menthe**.

# HOT BOURBON-CANNELLE

## Doux et épicé

Préparation :

**Direct au verre**

—

Service :

**Tasses ou mugs**

**Bourbon**
1 verre à liqueur

**Sirop d'érable**
2 cuil. à café

**Cannelle**
1 bâton

**Eau minérale**
3 verres à liqueur (chaude)

**Préparation : 5 min**
**Infusion : 3 à 4 min**

- Versez le **bourbon** et le **sirop d'érable** dans la tasse ou le mug, puis complétez avec l'**eau** chaude et mélangez 10 s.
- Ajoutez le bâton de **cannelle** et laissez infuser quelques minutes.

# GEWURZTRAMINER SOUR

## Onctueux et acidulé

Préparation :

**Au shaker**

—

Service :

**Verre à cocktail**

**Gewurztraminer**
1 verre à liqueur

**Gin**
1 cuil. à soupe

**Citron**
x ½ (le jus) + ½ tranche

**Sirop de sucre de canne**
1 cuil. à soupe

**Œuf**
1 blanc

**6 à 8 glaçons**

**Préparation : 5 min**

- Placez le verre au congélateur pour le rafraîchir.
- Versez le **gewurztraminer**, le **gin**, le jus du **citron**, le **sirop de sucre de canne** et le blanc d'**œuf** dans le shaker.
- Ajoutez les **glaçons** et shakez 20 s.
- Filtrez dans le verre préalablement rafraîchi et décorez la ½ tranche de **citron**.

# JARDIN ORIENTAL
## Exotique et végétal

Préparation :

**Au shaker**

—

Service :

**Tasse à thé**
**(ou petit bol)**

**Saké**
1 verre à liqueur

**Basilic**
5 feuilles

**Citron vert**
x ¼ (le jus)

**Jus de litchi**
1 verre à liqueur

**6 à 8 glaçons**

**Préparation : 5 min**

- Placez la tasse au congélateur pour la rafraîchir.
- Versez le **saké**, le **jus de litchi**, le jus du **citron vert** et 4 feuilles de **basilic** dans le shaker. Ajoutez les **glaçons** et shakez 10 s.
- Filtrez dans la tasse préalablement rafraîchie et décorez avec la feuille de **basilic** restante.

# SAKETINI
## Exotique et végétal

Préparation :

**Au shaker**

—

Service :

**Verre à cocktail**

**Saké**
2 cuil. à soupe

**Vodka**
1 verre à liqueur

**Concombre**
1 tranche

**6 à 8 glaçons**

**Préparation : 4 min**

• Placez le verre au congélateur pour le rafraîchir puis remplissez le shaker de **glaçons**.
• Versez-y tous les **ingrédients** et mélangez 1 min avec une cuillère.
• Déposer sur le shaker la partie haute incluant la passoire et filtrez le cocktail dans le verre préalablement rafraîchi. Décorez avec la tranche de **concombre**.

# FRUITS ROUGES FRAPPÉS
## Gourmand et onctueux

Préparation :

**Au blender**

—

Service :

**Verre haut**

**Lait d'amande**
3 verres à liqueur

**Fruits rouges**
100 g (surgelés) + 1 mûre (déco)

**Sirop d'agave**
1 cuil. à café

**Préparation : 5 min**
**Repos : 10 min**

- Versez le **lait d'amande**, les **fruits rouges** surgelés et le **sirop d'agave** dans le blender et laissez reposer 10 min.
- Mixez 20 s à vitesse maximum.
- Versez dans le verre et ajoutez la **mûre**.

# SOJA & MATCHA

## Exotique et onctueux

Préparation :

**Au shaker**

—

Service :

**Tasse à thé**
**(ou petit bol)**

**Jus d'ananas**
1 verre à liqueur

**Boisson végétale au soja**
1 verre à liqueur

**Thé matcha**
½ cuil. à café + 1 pincée

**Sirop d'agave**
2 cuil. à café

**6 à 8 glaçons**

**Préparation : 5 min**

- Placez la tasse au congélateur pour la rafraîchir.
- Versez la **boisson végétale au soja**, le **jus d'ananas**, le **thé matcha** et le **sirop d'agave** dans le shaker, puis ajoutez 6 à 8 **glaçons**.
- Shakez 10 s, filtrez dans la tasse préalablement rafraîchie et poudrez de **thé matcha**.

# SWITCH THÉ GLACÉ

## Fruité et épicé

Préparation :

**Dans une théière**

—

Service :

**Verres hauts**

**Infusion citron-gingembre**
1 mug

**Jus de poire**
1 mug

**Citron**
4 quartiers

**24 glaçons**

**Préparation : 5 min**
**Réfrigération : 1 h**

- Versez l'**infusion citron-gingembre** dans la théière, puis laissez refroidir 1 h.
- Ajoutez le **jus de poire**, 8 **glaçons** et mélangez.
- Remplissez chaque verre de 4 **glaçons**, versez le cocktail. Ajoutez 1 quartier de **citron** par verre.

# CONCOMBRE MENTHE FRAÎCHEUR

## Onctueux et végétal

Préparation :

**Au shaker**

—

Service :

**Verre à cocktail**

**Thé à la menthe**
2 verres à liqueur (froid)

**Citron vert**
x ¼ (le jus)

**Œuf**
1 blanc

**Sirop de concombre**
2 cuil. à café

**Concombre**
1 tranche

**6 à 8 glaçons**

**Préparation : 5 min**

- Placez le verre au congélateur pour le rafraîchir.
- Versez le **thé**, le jus du **citron vert**, le **sirop de concombre** et le blanc d'**œuf** dans le shaker, ajoutez les **glaçons** et shakez 20 s.
- Filtrez dans le verre préalablement rafraîchi et ajoutez la tranche de **concombre**.

# ROSEMARY GRENADE
## Fruité et aromatique

Préparation :

**Au shaker**

—

Service :

**Verre haut**

**Jus de grenade**
2 verres à liqueur

**Citron vert**
x ¼ (le jus)

**Jus de pomme**
2 verres à liqueur

**Romarin**
1 brin

**10 à 12 glaçons**

**Préparation : 3 min**

- Versez le **jus de grenade**, le **jus de pomme** et le jus du **citron vert** dans le shaker, puis ajoutez 6 à 8 **glaçons**. Shakez 10 s.
- Remplissez le verre de 4 **glaçons** et filtrez le cocktail.
- Frottez 1 brin de **romarin** entre vos mains et déposez-le dans le cocktail.

# THAÏ COCO-BASILIC

## Exotique et onctueux

Préparation :

**Au blender**

—

Service :

**Verres hauts**

**Eau de coco**
4 verres à liqueur

**Banane**
x 1 (mûre)

**Basilic thaï**
12 feuilles

**6 à 8 glaçons**

**Préparation : 5 min**

- Versez l'**eau de coco**, la **banane** et 10 feuilles de **basilic** dans le blender, ajoutez les **glaçons** et mixez 20 s à vitesse maximum.
- Versez puis ajoutez 1 feuille de **basilic** sur chaque verre.

# PUNCH AUX FRUITS ROUGES

## Fruité et pétillant

Préparation :

**Dans un saladier**

—

Service :

**Verres à whisky**

**Jus de raisin**
2 mugs

**Citrons verts**
x 2

**Ginger ale**
2 mugs

**Fruits rouges**
200 g (surgelés)

**: 6**

**10 à 14 glaçons**

**Préparation : 5 min**
**Repos : 30 min**

- Découpez les **citrons verts** en demi-tranches et mettez-les dans le saladier. Ajoutez le **jus de raisin** et les **fruits rouges**.
- Mélangez et laissez reposer 30 min à température ambiante.
- Ajoutez les **glaçons** et le **ginger ale** dans le saladier et servez.

# CHAÏ LATTE GLACÉ
## Onctueux et épicé

Préparation :

**Au shaker**

—

Service :

**Verre cantine**

**Thé chaï**
4 verres à liqueur (froid)

**Lait**
2 verres à liqueur

**Miel liquide**
1 cuil. à café

**Orange**
x ¼ (zeste)

**6 à 8 glaçons**

**Préparation : 5 min**

- Versez le **thé** froid, le **lait** et le **miel liquide** dans le shaker, ajoutez 6 à 8 **glaçons** et shakez 15 s.
- Filtrez dans le verre et râpez des zestes d'**orange** à la surface du cocktail.

# CITRON GIVRÉ EN COCKTAIL
## Gourmand et acidulé

Préparation :

**Au blender**

—

Service :

**Verre à whisky**

**Marmelade de citrons**
1 cuil. à soupe

**Eau minérale**
2 verres à liqueur

**Citron**
1 quartier

**5 à 7 glaçons**

**Préparation : 5 min**

- Versez la **marmelade** et l'**eau** dans le blender.
- Ajoutez les **glaçons** et mixez 20 s à vitesse maximum.
- Versez dans le verre, ajoutez le quartier de **citron**.

# HOT LASSI MANGUE

## Gourmand et exotique

Préparation :

**Au blender**

—

Service :

**Verre haut**

**Yaourt**
x 1 (nature)

**Piment d'Espelette**
½ cuil. à café

**Sorbet mangue**
3 cuil. à soupe

**Préparation : 5 min**

- Versez le **yaourt** et le **sorbet** dans le blender, puis mixez 20 s à vitesse maximum.
- Versez dans le verre, et poudrez de **piment d'Espelette**.

# THÉ GLACÉ À LA MENTHE

## Doux et mentholé

Préparation :

**Dans une théière**

—

Service :

**Verres à whisky**

**Thé vert**
2 sachets

**Menthe**
10 feuilles + 4 brins

**Citron vert**
x 1

**Miel liquide**
1 cuil. à soupe

**Eau minérale**
1 l (chaude)

**2 glaçons**

**Préparation : 10 min**
**Réfrigération : 1 h**

- Faites infuser 5 min 2 sachets de **thé vert** dans l'**eau** chaude.
- Ajoutez le **miel**, le **citron vert** coupé en tranches et 10 feuilles de **menthe**.
- Mélangez, laissez refroidir 1 h, puis ajoutez 12 **glaçons**.
- Répartissez le thé dans chaque verre et ajoutez 1 brin de **menthe** par verre.

# BISSAP
## Doux et exotique

Préparation :

**Dans une théière**

—

Service :

**Verres à vin**

**Fleurs d'hibiscus**
10 g (séchées)

**Eau minérale**
1 l (chaude)

**Sirop de sucre de canne**
4 cuil. à soupe

**Menthe**
8 brins

**: 8**

**32 glaçons**

**Préparation : 5 min**
**Réfrigération : 45 min**

- Faites infuser dans une théière les **fleurs d'hibiscus** dans l'**eau** chaude.
- Filtrez l'infusion, ajoutez le **sirop de sucre de canne**, mélangez et laissez refroidir 45 min.
- Remplissez chaque verre de 4 **glaçons**, répartissez le mélange puis ajoutez 1 brin de **menthe** par verre.

# FIZZ ANANAS & GINGEMBRE

## Exotique et épicé

Préparation :

**Direct au verre**

—

Service :

**Verre haut**

**Jus d'ananas**
2 verres à liqueur

**Citron vert**
x ½ (le jus) + 1 quartier

**Ginger ale**
2 verres à liqueur (frais)

**6 à 8 glaçons**

**Préparation : 2 min**

- Remplissez le verre de **glaçons**, versez le **jus d'ananas**, le jus du **citron vert** et terminez par le **ginger ale** (fraîche).
- Mélangez 10 s et ajoutez le quartier de **citron vert**.

# FIZZ CRANBERRY & FRAMBOISE

## Fruité et pétillant

Préparation :

**Direct au verre**

—

Service :

**Verre haut**

**Jus de cranberry**
2 verres à liqueur

**Sirop de framboise**
1 cuil. à café

**Tonic**
2 verres à liqueur (frais)

**Framboise**
x 1

**6 à 8 glaçons**

**Préparation : 2 min**

- Remplissez le verre de **glaçons**, versez le **jus de cranberry**, le **sirop de framboise** et terminez par le **tonic**.
- Décorez avec 1 **framboise**. Mélangez 10 s avant de boire.

# FIZZ ORGEAT & CITRON VERT

## Doux et pétillant

Préparation :

**Direct au verre**

—

Service :

**Verre haut**

**Citron vert**
x ½ (le jus) + 1 quartier

**Sirop d'orgeat**
1 cuil. à soupe

**Eau pétillante**
3 verres à liqueur (fraîche)

**6 à 8 glaçons**

**Préparation : 2 min**

- Remplissez le verre de **glaçons**, versez le jus du **citron vert**, le **sirop d'orgeat** et terminez par l'**eau pétillante**.
- Mélangez 10 s et ajoutez le quartier de **citron vert**.

# VIRGIN MARY
## Végétal et épicé

Préparation :

**Direct au verre**

—

Service :

**Verre haut**

**Jus de tomate**
3 verres à liqueur

**Sauce Worcestershire**
4 traits

**Poivre du moulin**
3 tours

**Tabasco®**
2 traits

**Citron**
x ¼ (le jus)

**6 à 8 glaçons**

**Préparation : 5 min**
**Décoration : 1 morceau de céleri branche**

- Remplissez le verre de **glaçons** et versez le **Tabasco®**, la **sauce Worcestershire**, les **jus de tomate** et du **citron**, puis **poivrez**.
- Mélangez 15 s.
- Dégustez avec du céleri branche.

# BULLES D'AGRUMES

## Acidulé et pétillant

Préparation :

**Direct au verre**

—

Service :

**Verre haut**

**Clémentines**
x 2 (le jus)

**Citron vert**
x ½ (le jus)

**Sirop d'agave**
2 cuil. à café

**Eau pétillante**
2 verres à liqueur (fraîche)

**6 à 8 glaçons**

**Préparation : 5 min**

- Remplissez le verre de **glaçons** et versez les jus des **clémentines** et du **citron vert**, le **sirop d'agave** et terminez par l'**eau pétillante**.
- Mélangez 15 s.

# TABLE DES MATIÈRES

# INDEX DES COCKTAILS PAR INGRÉDIENTS

# COCKTAILS GRAND FORMAT

**CREDITS PHOTOGRAPHIQUES :**

Toutes les photos sont de Philippe Levy sauf les vignettes suivantes :
© Jean-François Mallet - Ananas au sirop : p. 224 / Anis étoilé : p. 34, 48 / Baies roses : p. 108 / Banane : p. 264 / Basilic : p. 68, 110, 148, 230, 250 / Basilic thaï : p. 74, 264 / Bière : p. 82 / Boisson végétale au soja : p. 256 / Cannelle : p. 22, 48, 246 / Cerises à l'eau de vie : p. 112, 166, 196 / Cidre : p. 22, 30, 32, 170, 202, 242 / Citron : p. 20, 22, 24, 26, 28, 42, 44, 50, 52, 62, 70, 78, 86, 100, 104, 110, 112, 116, 120, 126, 142, 170, 188, 192, 202, 234, 238, 242, 248, 258, 270, 284 / Citron vert : p. 54, 72, 80, 82, 88, 98, 102, 106, 114, 122, 132, 134, 136, 140, 148, 150, 152, 154, 156, 158, 160, 162, 164, 168, 172, 176, 180, 182, 190, 198, 204, 206, 208, 210, 212, 214, 218, 220, 222, 224, 226, 230, 250, 260, 266, 274, 276, 282, 286 / Clémentine : p. 36, 92, 286 / Concombre : p. 56, 114, 252, 260 / Confiture de cerises : p. 112 / Confiture de framboises : p. 136 / Coriandre : p. 218 / Crème liquide : p. 130, 236 / Eau minérale : p. 34, 56, 58, 146, 192, 224, 246, 270, 274, 276 / Eau gazeuse : p. 10, 12, 14, 20, 26, 60, 62, 66, 80, 102, 114, 120, 152, 184, 186, 208, 228, 238, 282, 286 / Fraise : p. 164, 220 / Framboises : p. 70, 80 86, 280 / Fruit de la Passion : p. 214 / Fruits rouges : p. 254, 266 / Grenade : p. 216 / Jus de pommes : p. 20, 170, 262 / Lait : p. 268 / Lait d'amande : p. 124, 254 / Marmelade de clémentines : p. 160 / Marmelade d'oranges : p. 100, 134 / Menthe : p. 58, 82, 98, 144, 152, 168, 172, 182, 184, 234, 244, 274, 276 / Miel liquide : p. 20, 22, 48, 104, 192, 263, 274 / Muscade : p. 236 / Myrtilles : p. 122 / Œuf : p. 86, 188, 236, 248, 260 / Olives vertes : p. 84 / Orange : p. 10, 11, 16, 18, 24, 28, 30, 40, 42, 48, 60, 62, 64, 66, 90, 94, 96, 100, 118, 134, 150, 174, 178, 186, 200, 206, 216, 240, 268 / Pamplemousse : p. 14, 38, 108, 132, 208, 216 / Pineau : p. 44 / Pastèque : p. 74 / Piment antillais : p. 224 / Piments oiseaux : p. 136 / Poudre de cacao : p. 124 / Prosecco : p. 10, 11, 14, 16 / Romarin : p. 90, 238, 262 / Sauge : p. 222 / Sirop d'érable : p. 28 / Sorbet framboise : p. 230 / Sorbet mangue : p. 158, 272 / Sucre : p. 40 / Thé à la menthe : p. 260 / Thé matcha : p. 256 / Thé vert : 184, 274 / Thym : p. 70, 92 / Vin blanc moelleux : p. 70, 144 / Vin blanc sec : p. 68 / Vin mousseux : p. 168 / Vin rosé : p. 72, 74 / Vin rouge : p. 46, 48 / Yaourt : p. 272.

Pour l'éditeur, le principe est d'utiliser des papiers composés de fibres naturelles, renouvelables, recyclables et fabriqués à partir de bois issus de forêts qui adoptent un système d'aménagement durable. En outre, l'éditeur attend de ses fournisseurs de papier qu'ils s'inscrivent dans une démarche de certification environnementale reconnue.

Direction Hachette Pratique : Catherine Saunier-Talec
Responsable d'édition : Stéphane Rosa
Directeur de collection : Jean-François Mallet
Édition : Elise Ducamp
Conception graphique : Marie-Paule Jaulme
Photogravure : RVB
Mise en pages : Caroline Rimbault et SKGD-Création

Dépôt légal : juin 2023
7899165/01
ISBN : 978-2-01-946718-0

Imprimé par Estella en Espagne en mai 2023



Avertissement : Alcool : adoptez un comportement responsable !
Comme vous le savez, l'abus d'alcool est dangereux pour la santé ;
consommez avec modération.
Nous vous recommandons de consulter les sites officiels d'information,
notamment ceux consacrés aux risques liés à la consommation d'alcool.
Vous y trouverez des informations légales et pratiques précieuses.

# SIMPLISSIME

## LA COLLECTION DE LIVRES DE CUISINE QUI VA CHANGER VOTRE VIE

LE LIVRE DE CUISINE LE + FACILE DU MONDE

LE LIVRE DE CUISINE LIGHT LE + FACILE DU MONDE

DÎNERS CHIC LES + FACILES DU MONDE

LE LIVRE DE DESSERTS LE + FACILE DU MONDE

LES PIZZAS LES + FACILES DU MONDE

LES PÂTES LES + FACILES DU MONDE

10, 15, 20 À TABLE LES RECETTES LES + FACILES DU MONDE

SOUPES ET BOUILLONS REPAS LES + FACILES DU MONDE

SALADES COMPLÈTES LES + FACILES DU MONDE

TERRINES ET FOIES GRAS LES + FACILES DU MONDE

RECETTES VÉGÉTARIENNES LES + FACILES DU MONDE

LES COCOTTES LES + FACILES DU MONDE

RECETTES AU CUIT-VAPEUR LES + FACILES DU MONDE

APÉROS LES + FACILES DU MONDE

RECETTES DE GIBIER LES + FACILES DU MONDE

**ET AUSSI, L'APPLI SIMPLISSIME... AVEC VOUS PARTOUT, VOS RECETTES ET LISTES D'INGRÉDIENTS !**

**Pour Androïd et IOS**